Es sind die guten Freunde,
die das Leben
wertvoller machen.

Es sind die Kinder,
die uns lehren,
die Welt mit anderen Augen
zu betrachten.

Es sind die Wünsche
unseres Herzens,
die uns den richtigen
Weg weisen.

Es sind die Tränen,
die uns zeigen
das wir verletzlich sind
und sein dürfen.

Tempo

Es ist der Schatz
in unserem Herzen,
den es zu entdecken gibt,
nicht das Glück in der Ferne.

Oops

Es sind die Hindernisse
die wir selbst überwinden,
die uns stark machen,
nicht die Steine, die uns
aus dem weg geräumt werden.

Es sind unsere Gedanken,
die unser Leben prägen.

Es ist der Weg
auf dem das Glück zu finden ist,
nicht erst das Erreichen
eines Zieles.

Es sind die Spuren
die wir hinterlassen,
auf die wir eines Tages
zurückblicken werden.

Es sind die Niederlagen,
nach denen wir
wieder aufgestanden sind,
die uns stärker machen.

Es ist die Liebe,
die wir geben,
die über das Glück
in unserer Welt entscheidet.

Es ist unser Lachen,
das die Menschen
um uns fröhlich stimmt.

Es ist die Geduld,
die uns sicher
an ein Ziel bringt.

Es sind die Brücken
die wir bauen,
die über den Frieden
in unserer Welt bestimmen.

Es ist das Loslassen
alter Gewohnheiten,
das Raum für Neues schafft.

Es ist unsere Lebenseinstellung,
die uns dem Glück
ein Stück näher bringt.

Mehr L(i)ebenswertes von „Oups"
finden Sie unter:

www.oups.com